AF192154

Renate & Uwe H. Sültz

Unser Baby-Tagebuch

„Endlich bis Du da!"

BoD - Books on Demand

Norderstedt 2016

Bibliografische Information durch die Deutsche Nationalbibliothek

Die Deutsche Nationalbibliothek verzeichnet diese Publikation in der
Deutschen Nationalbibliografie; detaillierte bibliografische Daten sind im
Internet über http://dnb.dnb.de abrufbar.

Herstellung und Verlag:

BoD – Books on Demand, Norderstedt

ISBN 978-3-837-06254-0

Alles über mich

Mein Name:

Wann ich geboren bin:
Uhrzeit:

Ort:
Meine Größe:
Meine Haarfarbe:
Meine Augenfarbe:

Meine Taufpaten:

Was sonst noch wichtig ist:

Meine Bilder

Mein Tag...

Datum:

M
Di
M
Do
Fr
Sa
So

Meine Bilder

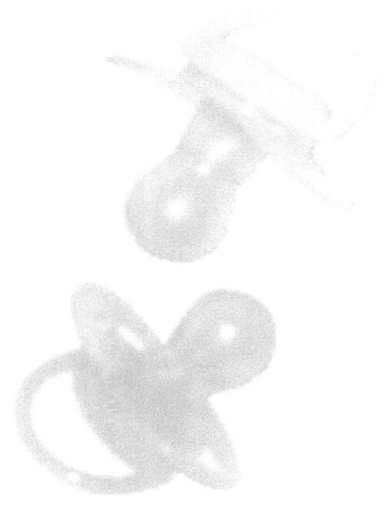

Mein Tag...

Datum:

M
Di
M
Do
Fr
Sa
So

Meine Bilder

Mein Tag...

Datum:

M
Di
M
Do
Fr
Sa
So

Meine Bilder

Mein Tag...

Datum:

M
Di
M
Do
Fr
Sa
So

Meine Bilder

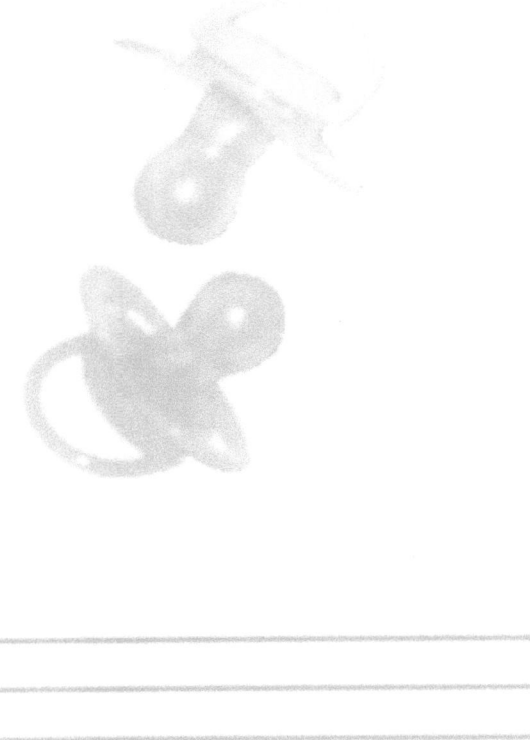

Mein Tag...

Datum:

M
Di
M
Do
Fr
Sa
So

Meine Bilder

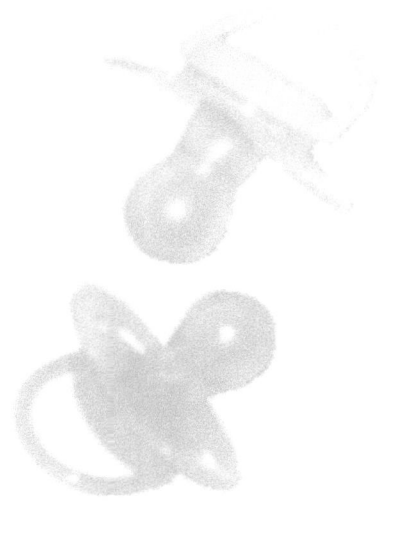

Mein Tag...

Datum:

M
Di
M
Do
Fr
Sa
So

Meine Bilder

Mein Tag...

Datum:

M
Di
M
Do
Fr
Sa
So

Meine Bilder

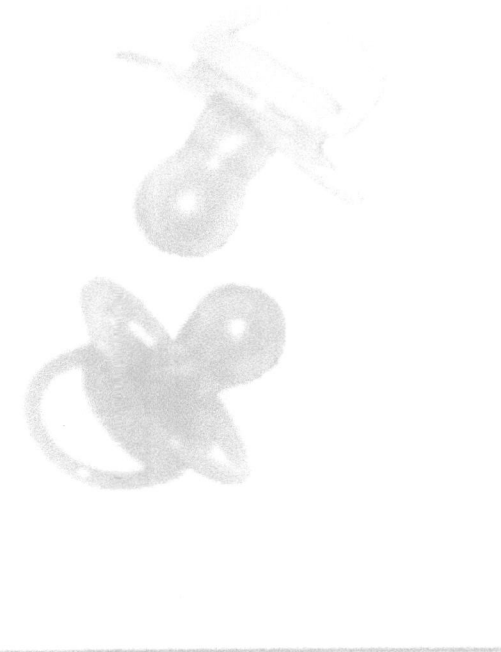

Mein Tag...

Datum:

M
Di
M
Do
Fr
Sa
So

Meine Bilder

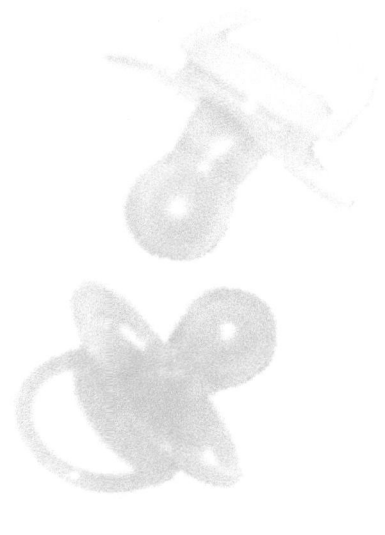

Mein Tag...

Datum:

M
Di
M
Do
Fr
Sa
So

Meine Bilder

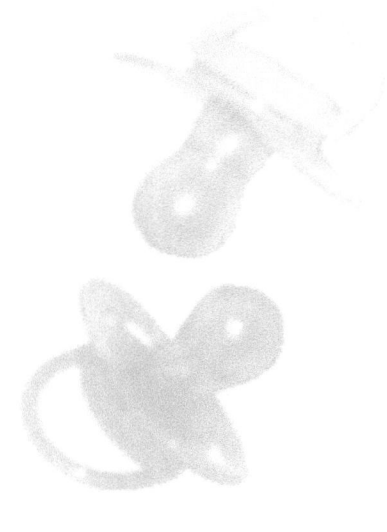

Mein Tag...

Datum:

M
Di
M
Do
Fr
Sa
So

Meine Bilder

Mein Tag...

Datum:

M
Di
M
Do
Fr
Sa
So

Meine Bilder

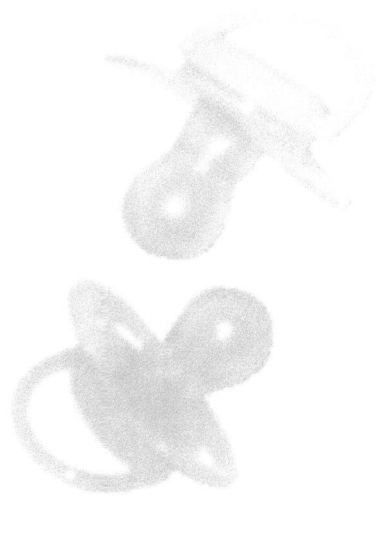

Mein Tag...

Datum:

M
Di
M
Do
Fr
Sa
So

Meine Bilder

Mein Tag...

Datum:

M
Di
M
Do
Fr
Sa
So

Meine Bilder

Mein Tag...

Datum:

M
Di
M
Do
Fr
Sa
So

Meine Bilder

Mein Tag...

Datum:

M
Di
M
Do
Fr
Sa
So

Meine Bilder

Mein Tag...

Datum:

M
Di
M
Do
Fr
Sa
So

Meine Bilder

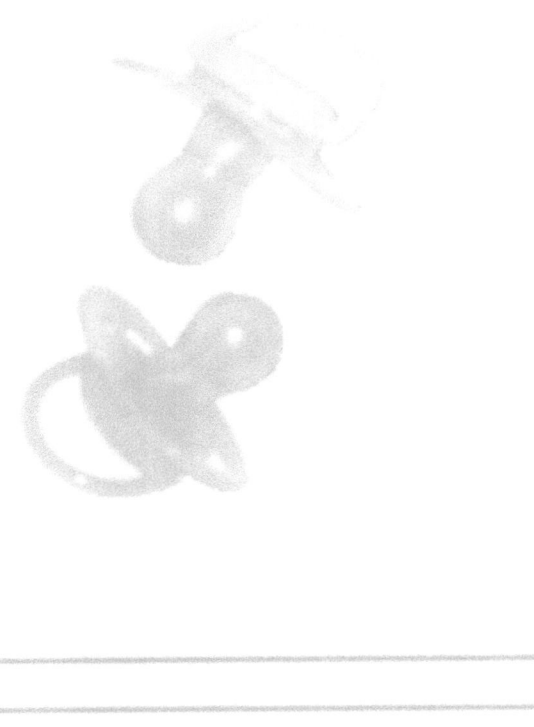

Mein Tag...

Datum:

M
Di
M
Do
Fr
Sa
So

Meine Bilder

Mein Tag...

Datum:

M
Di
M
Do
Fr
Sa
So

Meine Bilder

Mein Tag...

Datum:

M
Di
M
Do
Fr
Sa
So

Meine Bilder

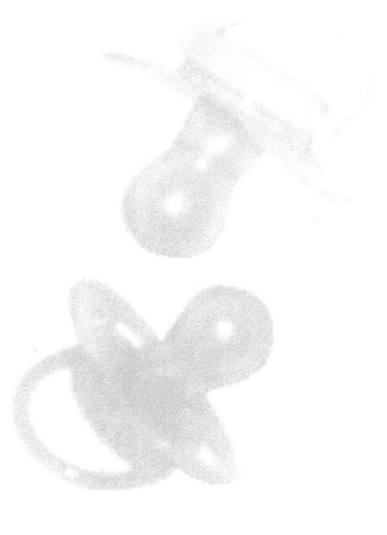

Mein Tag...

Datum:

M
Di
M
Do
Fr
Sa
So

Meine Bilder

Mein Tag...

Datum:

M
Di
M
Do
Fr
Sa
So

Meine Bilder

Mein Tag...

Datum:

M
Di
M
Do
Fr
Sa
So

Meine Bilder

Mein Tag...

Datum:

M
Di
M
Do
Fr
Sa
So

Meine Bilder

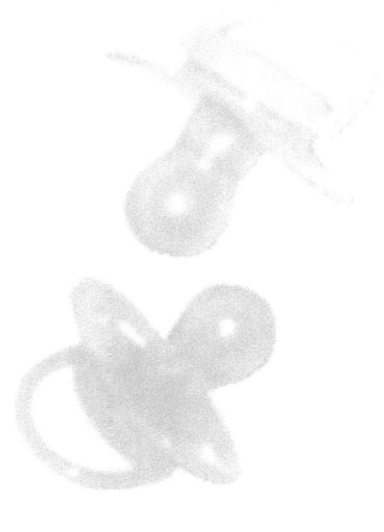

Mein Tag...

Datum:

M
Di
M
Do
Fr
Sa
So

Meine Bilder

Mein Tag...

Datum:

M
Di
M
Do
Fr
Sa
So

Meine Bilder

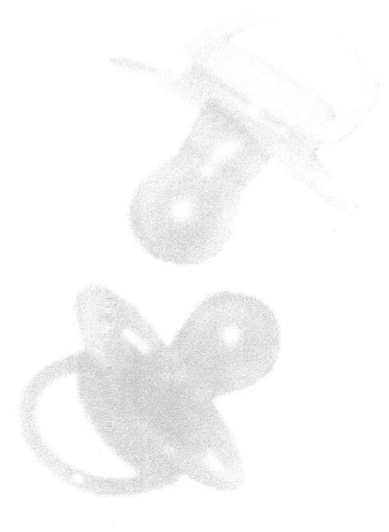

Mein Tag...

Datum:

M
Di
M
Do
Fr
Sa
So

Meine Bilder

Mein Tag...

Datum:

M
Di
M
Do
Fr
Sa
So

Meine Bilder

Mein Tag...

Datum:

M
Di
M
Do
Fr
Sa
So

Meine Bilder

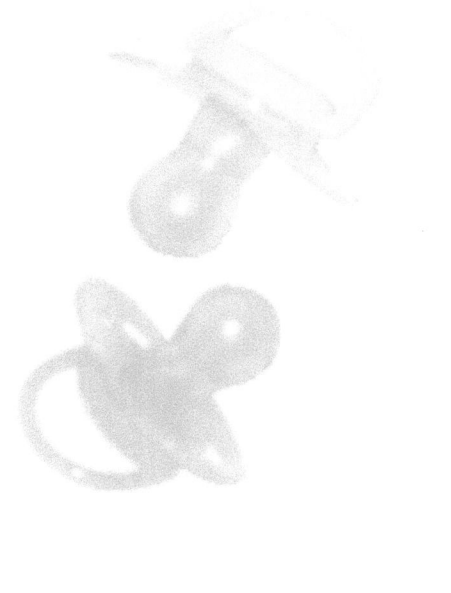

Mein Tag...

Datum:

M
Di
M
Do
Fr
Sa
So

Meine Bilder

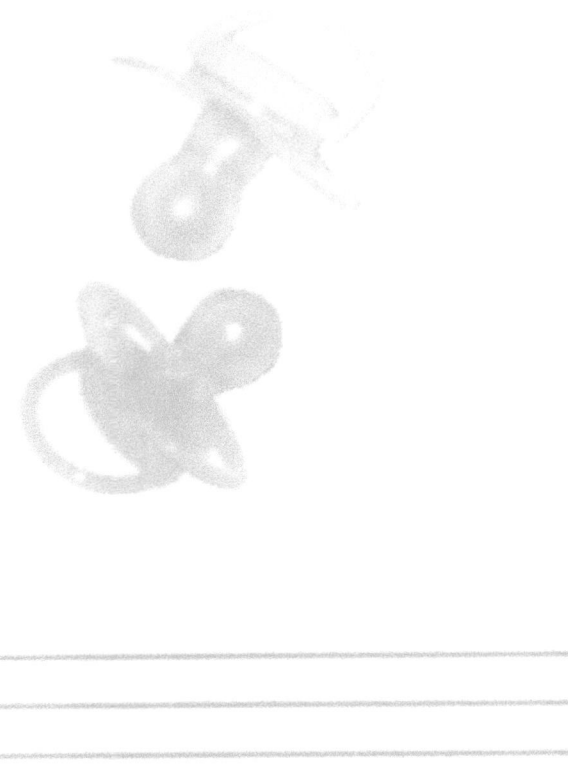

Mein Tag...

Datum:

M
Di
M
Do
Fr
Sa
So

Meine Bilder

Mein Tag...

Datum:

M
Di
M
Do
Fr
Sa
So

Meine Bilder

Mein Tag...

Datum:

M
Di
M
Do
Fr
Sa
So

Meine Bilder

Mein Tag...

Datum:

M
Di
M
Do
Fr
Sa
So

Meine Bilder

Mein Tag...

Datum:

M
Di
M
Do
Fr
Sa
So

Meine Bilder

Mein Tag...

Datum:

M
Di
M
Do
Fr
Sa
So

Meine Bilder

Mein Tag...

Datum:

M
Di
M
Do
Fr
Sa
So

Meine Bilder

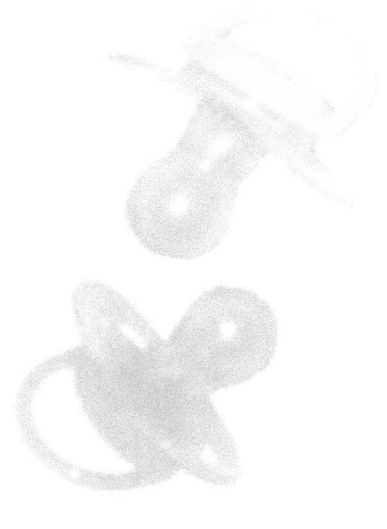

Mein Tag...

Datum:

M
Di
M
Do
Fr
Sa
So

Meine Bilder

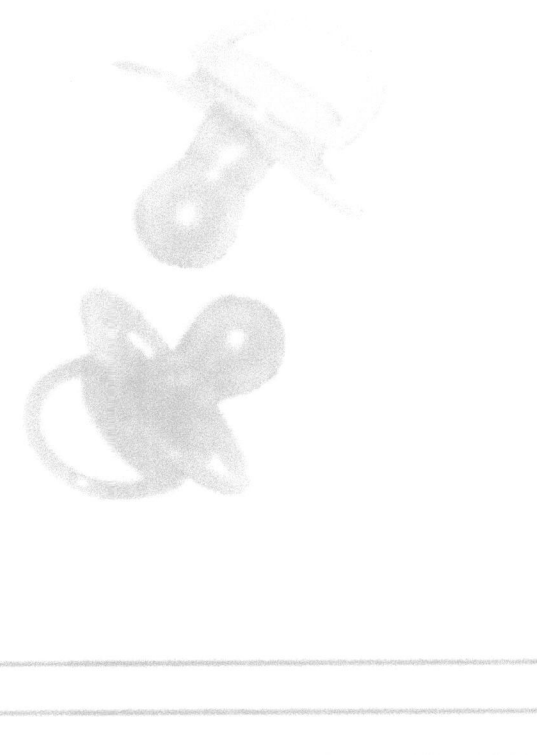

Mein Tag...

Datum:

M
Di
M
Do
Fr
Sa
So

Meine Bilder

Mein Tag...

Datum:

M
Di
M
Do
Fr
Sa
So

Meine Bilder

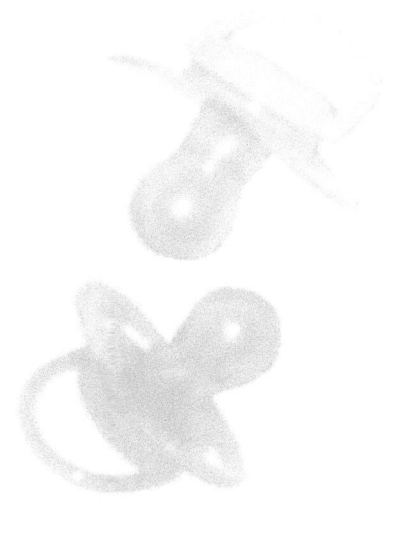

Mein Tag...

Datum:

M
Di
M
Do
Fr
Sa
So

Meine Bilder

Mein Tag...

Datum:

M
Di
M
Do
Fr
Sa
So

Meine Bilder

Mein Tag...

Datum:

M
Di
M
Do
Fr
Sa
So

Meine Bilder

Mein Tag...

Datum:

M
Di
M
Do
Fr
Sa
So

Meine Bilder

Mein Tag...

Datum:

M
Di
M
Do
Fr
Sa
So

Meine Bilder

Mein Tag...

Datum:

M
Di
M
Do
Fr
Sa
So

Meine Bilder

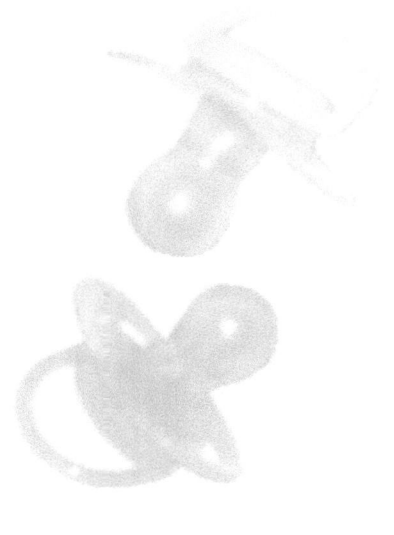

Mein Tag...

Datum:

M
Di
M
Do
Fr
Sa
So

Meine Bilder

Mein Tag...

Datum:

M
Di
M
Do
Fr
Sa
So

Meine Bilder

Mein Tag...

Datum:

M
Di
M
Do
Fr
Sa
So

Meine Bilder

Mein Tag...

Datum:

M
Di
M
Do
Fr
Sa
So

Meine Bilder

Mein Tag...

Datum:

M
Di
M
Do
Fr
Sa
So

Meine Bilder

Mein Tag...

Datum:

M
Di
M
Do
Fr
Sa
So

Meine Bilder

Mein Tag...

Datum:

M
Di
M
Do
Fr
Sa
So

Meine Bilder

Mein Tag...

Datum:

M
Di
M
Do
Fr
Sa
So

Meine Bilder

Mein Tag...

Datum:

M
Di
M
Do
Fr
Sa
So

Meine Bilder

Mein Tag...

Datum:

M
Di
M
Do
Fr
Sa
So

Meine Bilder

Mein Tag...

Datum:

M
Di
M
Do
Fr
Sa
So

Meine Bilder

Mein Tag...

Datum:

M
Di
M
Do
Fr
Sa
So

Mein Tag...

Datum:

M
Di
M
Do
Fr
Sa
So

Mein Tag...

Datum:

M
Di
M
Do
Fr
Sa
So

Mein Tag...

Datum:

M
Di
M
Do
Fr
Sa
So

Mein Tag...

Datum:

M
Di
M
Do
Fr
Sa
So

Mein Tag...

Datum:

M
Di
M
Do
Fr
Sa
So